아침 책상

崔東鎬 詩集

아침 책상

민음사

自序

첫 시집을 간행하고, 십여 년 동안 스스로를 묵살한 다음 두번째 시집을 묶는다.

평이하고 깊이 있는 시를 쓰고 싶다는 소망을 지녀 왔지만, 언제나 악전고투의 잔해만을 확인할 때 참담함을 금할 수 없다. 실패의 연속이 인간을 괴롭히고 자극한다.

어떤 유형의 시만을 써야 한다는 강박감은 없다. 쓰지 않으면 안되는 시를 쓸 뿐이다.

아무리 개인적인 순간이라도 인간은 사회로부터 자유로울 수가 없다. 혼자만의 밀실이라도 그것은 폐쇄되어 있는 것이 아니다. 격변하는 사회의 붉게 물들여진 정신적 위기감이 우리 시대의 인간적 유대감을 결속시켜 새로운 시대로 나아가게 했다고 믿는다. 격앙과 침잠의 소용돌이 속에서 삶의 아픔이 진정 무엇이며, 그것을 뒤바꿀 수 있는 시가 무엇인가를 돌이켜 본다.

서투르고 보잘 것이 없지만 이 시집에 담긴 삶의 숨결이 이 시대를 사는 가난하고 고독한 분들의 벗이 되기를 바라는 마음 간절하다.

맑고 푸른 늦가을, 멀리 보이는 백운대 인수봉이 유난히 크고 선명하다.

1988. 10. 30.   저자

차례

自序————————————————————————5

제 1 부 가을 빗소리

가을 빗소리————————————————————13
저녁까치————————————————————————14
둥근 바위에 누워————————————————————15
새벽 마당————————————————————————16
검푸른 조약돌————————————————————17
강가로 걸어나가————————————————————18
비어 있는 계곡————————————————————19
풀꽃————————————————————————————20
봄————————————————————————————21
겨울 햇빛의 책읽기————————————————22
아침 책상————————————————————————23
김치찌개————————————————————————24
땀방울·1————————————————————————25
거부하는 풀————————————————————————26
땀방울·2————————————————————————27
모래알 인간————————————————————————28

제 2 부 봄날 하부

블랙 호올————————————————————————31
가을 책 읽기————————————————————32
여름의 강물 소리들————————————————34
편지————————————————————————————35
가을의 시————————————————————————36

가을밤 —————————37
마른 향 —————————38
큰 바위 얼굴에게 —————————39
말이 없는 사람 —————————40
빈 자리 —————————42
봄날 하루 —————————43
여름 웅덩이 —————————44
강마을 —————————45
산길 —————————46

제 3 부 가을 少年

해 질 무렵 —————————49
寂寥한 새 —————————50
가을 少年 —————————51
가을숲 —————————52
희맑은 얼굴 —————————53
길 떠난 少年 —————————54
탱자나무 흰 꽃 —————————55
풀시계의 초침 —————————56
종달새 —————————58
이름모를 꽃 —————————60
눈동자 —————————61
봄볕 —————————62
산골가재 —————————63
돌바위 산 —————————64
으스름 달빛 —————————65

제 4 부 그해 여름

붉은 흙——————————————————————— 69
누추한 육신을 누가 잠들게 하나———————————70
텔레비전————————————————————————72
어쩐지, 가을이 되어——————————————————74
그해 여름——————————————————————77
텔레비전————————————————————————79
벌 레———————————————————————————81
보통사람들——————————————————————83
새벽 출근——————————————————————84
아무것도 나를 잡아 주지 않는다————————85
진흙 바닥——————————————————————86
취한 손———————————————————————87
우주인과의 교신————————————————————89
팬터마임, 이제 막이 내렸다——————————91
질책받은 아이————————————————————93

해설·진정한 〈숨김〉의 의미를 찾아·권영민———95

제 1 부
가을 빗소리

가을 빗소리

여름 낙숫물이
바위를 파내다가 물러간 다음
빈 방에서
가을 빗소리 들으니
비로소 막혔던 귀가 뚫린다.

울울한 녹음이 가로막아
여름내 찾을 수 없던
산 모퉁이 길에는
흙 묻은 솔방울이
빗방울 따라 툭툭 떨어진다.

저녁 까치

얼굴도 모르는 주모는
방문을 닫고
안으로 들어가
대청을 독차지하고 술을 마신다.

창문 밖
잎진 미류나무 가지의 빈 집에
까치 날아와
쓸쓸히 옛 주인을 찾는다.

둥근 바위에 누워

둥근 바위에 누워
새소리를 듣고 있었다.

나뭇잎 잎 사이로
바늘구멍 햇살이 스며들어

숲속에 깃든 새들을 놀라게 했다.
축축한 나뭇잎들이 바스라져 썩어가고 있었다.

파리떼 달려드는
흙냄새가 바위를 뚫고 솟아올랐다.

바람따라 숨쉬는 우주의 배꼽
검푸른 바위를 타고

먼 하늘의 새소리 찾아
나뭇잎 향기처럼 가볍게 닐아올랐다.

새벽 마당

어둠을 밀치고 홀로
새벽 마당을 거닐어 보면,
헐는 위벽에 풀리던
알약같이 하얀
새들의 소리가 들려온다.

그을음 묻은 어둠마저 가라앉은
고요한 마당가에
무심히 지껄이는 작은소리들은
깊숙이 들이마신
새벽 공기처럼
어둡게 주름살 진
두개골의 심저에 와 닿는다.

깨끗하다. 누가 쓸고 갔는지,
밥알을 찾는 새들이
밝아오는 어둠 속에서 지저귀는
하얀 알약 같은 소리들이
흩어지는 새벽,
빈 마당처럼
조용히 가라앉는 마음은.

검푸른 바둑돌

마음 앉히려고 눈 감으니
수심이 맑아진다.

흰 바둑돌 하나를
물 속에서 찾는다.

물살이 만드는
둥근 돌 하나에 천년이 걸린다고,

손등 아래로
미끄러지는 물방울.

바둑판 위에
흔들리는 검푸른 바둑돌.

강가로 걸어나가

여름날 오후 강가로 걸어나가
푸른 힘줄 드러난 야윈 손을
느리게 흘러가는 강물에 담가 보았다.
유리처럼 차가운 물 속에서

일몰의 햇살이 부서지고
손가락살 해파리처럼 녹아들어
앙상한 뼈들이 구름 흘러가는
맑은 물에 비춰보였다

고독한 얼굴은 물 속으로 잠기고
검푸른 산그림자에 놀라
작은 손가락 뼈들도
일몰의 어스름 속으로 사라져 갔다.

눅진한 저녁안개
병풍처럼 적요한
강마을에 흔들리는 등불 두어 점
돌아오지 않는 사람을 기다리고 있었다.

비어 있는 계곡

숲 속의 미로에서 듣고 있는
뻐국새 소리
어쩐지
저승 저편에서
불어오는 바람같이 적막하다.

길 잃은 뻐국새가
이승의 한쪽을 헤매다가
울고 있는 것일까.
자라나는 무덤풀 귀신처럼 부푸는 6월에

반짝이는 나뭇잎에서 일어나는
바람소리에도 숨이 막힌다.
풀냄새 울컥이는 젖은 흙위에
고단한 등뼈 눕히고
먼 산 하늘을 바라본다.

텅 빈 무덤 같은 계곡에서
뻐국새가 부르고 있는지
누가 소리치고 있는지
날아가는 새 그림자
푸른 산 능선 너머 숲으로 사라진다.

풀꽃

깨진 바위 속으로
세속의 빛이 흘러들어갔다.

바위 속에는 되비치는
산울림이 호수처럼 펼쳐져

듣고 있으면 가슴 홀로
바스라져 흙이 되는데,

눈 먼 石鍾을 울리는
숨소리가 풀꽃을 죽인다.

봄

봄 감기 으스스하여
바위를 열어 보니
푸른 물이 있었다.

맑은 얼굴이
거울처럼 흔들리고,
바위를 닫으니

새눈처럼 가는 봄비
촘촘이 내린다.
빗물 고이는 이랑마다

소름 끼치는 살갗을 뚫고
地表 위에 솟아날
봄의 새싹들

수천의 빗방울이
바위를 열어
죽은 대지를
푸르게 되살아나게 한다.

겨울 햇빛의 책읽기

굽은 등뼈 골골이 비추며
깊은 산
찬 바위 속에 스미는구나

얼음 녹이는 빛을 머금어
창가에 꽃망울 솟아오르고,
마른 줄기 푸르게 숨쉬려 하는구나.

멀고 깊어라, 겨울햇빛
떨며 펼치던 책 갈피 행간마다
따스한 손길이 배어드는구나.

활자 뒤에 엉켜붙어
아물지 않던 상처 다 어루만지고 잃었던
대지의 입김을 되살아나게 하는구나.

아침 책상

검은 흙 덮고 있던
눈 위에 햇살이 증기 머금은 빛을 뿜는다.

쓰여지지 않은 백지는
유언처럼 차갑다.

파지를 헤쳐나온
펜촉에는 세상의 햇살이 모여든다.

김치찌개

겨울 깊어 갈라진 발뒤꿈치를
파고드는 바람
리아카 끌어 얼음 버석이던
구두에서 무럭무럭 김이 솟는다.

마른 얼굴 붉게 달아오르는
흐린 불빛 아래
단란히 둘러앉아, 김치찌개 보글거리는
다 늦은 겨울 저녁상,

이제 찾아올 손님은 아무도 없다.

땀방울 · 1
—— 87년 봄

목을 조인다
살아 있으라고.

목을 풀어 놓는다
죽어 있으라고.

거부하는 풀

바람에 길들여진 풀들이
바람을 거부한다.

잎사귀 다 뜯긴 채 살아나는
야생의 풀들처럼

6월의 열풍에 풀들은
달구어진 쇠못이다.

붉은 쇠못 하나
말없이 뽑으려면

일제히 치솟는 분노가
함성처럼 푸르게 들녁 끝까지 파동친다.

땀방울 · 2
—— 87년 봄

의식의 그물에
땀이 맺힌다.

덫에 걸린 나방이를 먹고
뽑아내는 투명한 실,
들리지 않는
비명소리였던가.

거미줄 하늘에 걸고
목을 조르면
포도알 같이
붉은 땀방울이
뚝뚝 떨어진다.

모래알 인간

깔대기 밑으로 흘러내리는
투명한 시간의 모래알,
바람의 실핏줄이 가느다랗다.

희게 빛나는
백지에서
손을 거두며 숨을 멈춘다.

아무 그림자도 보이지 않는다.

시간 안에서
모래알은 흘러내리고, 늙은 나무의
말없는 그림자 깊게 패인다.

어디에도 백지는 없다.

제 2 부
봄날 하루

블랙 호올

날이 흐리다
밤 하늘에 별이 보이지 않는다.

아무 신호도 보낼 수 없다.
한 점 먼지이거나

잠들지 못하는 숨소리이거나
침묵의 하늘에
찍어 놓을 것이 무어 있으랴.

블랙 호올, 한 점에서 탄생하고
흐린날 의식의 저 편으로 사라진다.

보이지 않는 은하계의 한 쪽에서 소멸하는 그대에
게
잠들지 못하는 숨소리 하나를 보낸다.
백지로 돌아갈 시집을 덮는다.

가을 책 읽기

밤이 늦으니
책장 넘기는 소리에 손이 마른다.

마른 손의 관절을 꺾어
책장을 뚝뚝 잘라낸다.

갈대숲에서 잠자던 새가
바람 소리에 놀라 더 깊은 늪지로 날아간다.

이미 메마른 생목의 향기
떠오르지 않는 기억이 책장에서 바스락거리고,

개미의 뚝이 무너진다
모래알 글자들이 아른거린다.

언제이던가
마른 손의 주름살 사이로 사라진

싱그러운 유년의 날들이
불빛에 드러난 손등 너머로 보인다.

가을이 깊어가니
책장 넘기는 소리가 맑다.

빈 일기장엔
비쩍 마른 영혼의 향기만 남는다.

여름 강물 소리들

9월 넘어서자 끝내
여름의 꽃들이 시든다.

저린 손가락
마디를 두들기듯

다듬이 소리 낭랑하다.
밤이 깊어

베개가 높고
천정이 낮아진다.

베개머리 아래로
나룻배 밑바닥을 미끄럽게

훑고 가는 발시린
여름 강물 소리들.

편지

하늘이 너무 푸르러
눈 둘 곳이 없다.
사랑한다고도 말할 수 없다.

이슬이 빛나는 밤이면
나 혼자 적어두는
마음의 일기장에
뱀눈처럼 짧게 편지를 쓸까.

하늘이 너무 푸르러
눈 둘 곳이 없다.
방울뱀 요령소리마저 죽여도
눈물 한 방울 쓸 수가 없다.

가을의 시

야윈 손으로 가을의 시를
씁니다. 살갗을 스치는 밝은 바람이
하늘을 푸르게 하고
가로수 사이로
물든 나뭇잎이 색색으로 날려갑니다.
여름 빗물에 젖던
작은 새들도 가을집을 찾아나섭니다.
지금 떠나지 못하는 자는
끝내 떠날 수 없어
집을 찾으며 기도하고 지냅니다.
앙상한 새들의 집이
잎진 나뭇가지를 지킵니다.
맑은 눈물이 땅을 적시고
가을 속으로 걸어가는 그림자가 있읍니다.
밤하늘에는 별이 빛나고
소리내어 부를 수 없는
이름을 마음속으로 중얼거립니다.
밤이 늦어 읽던 책장 위에도
서리가 내립니다. 아침해가 떠오르면
등 뒤에서 빛나는 이슬을 털며
누군가를 찾아 안개 속을 걸어갑니다.

36

가을 밤

꽃 피고 새 우는 밤이면
뜰에 가득한
달빛 바람소리를 쓸어냅니다.

개울물 베개 삼아
흘러보내며
달빛 바람소리 따라 갑니다.

꽃 지고 새 자는 그믐밤이면
홀로 몸져누워
달빛 바람소리 슬퍼합니다.

마른 향

밤이 깊어지면 숲속의 향기가
방안으로 밀려옵니다.
축축한 흙의 숨소리를 듣고,
파리하게 떨고 있는
하늘의 별을 바라봅니다.

돌아오지 못할 여행을 떠나듯
창백한 가을 바람이
향기를 몰아
하늘의 별자리를 찾아갑니다.

지상에는 누군가 일생을 짚던
지팡이 하나가 남습니다.
대지의 한가운데 나무를 심듯이
오직 하나의 마음을 심지 삼아
마른 향을 피웁니다.

큰 바위 얼굴에게

여름날 도도하게 **흘러가는** 大河長江의 물을 **보며**
너를 찾아가겠지.

여름 강물이 다 떠나가면 물든 가을 산길 오르며
너를 바라보겠지.

산너머 하늘로 솟아 올랐다가 하늘 끝 찬바람에 빗
방울 여기저기 떨어지면 말없이 너를 돌아보겠지.

적막한 가을 산 어디에나 쓸쓸한 바람 빈 나뭇가
지들 사이로 아득히 다가설 수 없는 너를 생각하
겠지.

이승의 나뭇잎 다 떨어뜨리고 찬 바람에 나뭇가지
흔드는 헐벗은 겨울나무처럼 너를 우러르며 눈물
을 참고 있겠지.

말이 없는 사람

꽃이 지자 말이 없었다.
그는,

눈에 보이는 얼굴은 이제 그가
아니다. 귀에 들리는 목소리도
그가 아니다.
말이 없는 사람은 그가
아니다.

온세상 비추는
햇빛 쟁쟁한 대낮에
바람소리도 이렇게 정겨운데
지워도
지워지지 않는 마음은 울고 있구나.

눈에 보이는 얼굴은 이제 그가
아니다. 귀에 들리는 목소리도
그가 아니다.
검붉은 바윗 덩어리에 부딪쳐
향그런 바람 살을 깍다가 지나가고,

허허롭게 꽃이 지자, 그는
끝내 말이 없었다.

빈 자리

그대 다녀간 빈 자리에
붉은 꽃이 피고
새가 울더라.

그대 다녀간 빈 자리에
바람이 불고
쓸쓸히 꽃이 지더라.

그대 다녀간 빈 자리에
안개비 내리고
슬픈 새가 울더라.

그대 다녀간 빈 자리엔
말없이 흐르던
강물도 물길을 돌리더라.

봄날 하루

——「志誠苑」에서

끝내 그 마음의 금 안에
나는 들지 못하고
꽃이파리만 꽃이파리만
붉게 흩어지는 봄날에
천지를 떠뜨리는 폭약이 울리고,
산과 들에는
눈이 멀도록 꽃비가 쏟아져내리네.

앞을 가리는 쓸쓸한 바람
떨쳐 버리고 차라리 바위 속으로
걸어들어가는 외로운 봄날 하루,
캄캄한 암반 속을 밀치고 걸어나아가도
햇살은 등 뒤에서만 빛나고
끝내 들지 못하는 그 마음의 금 밖에
한 줄기 강물이 흘러
귀먹은 하루가 붉게 저무네.

여름 웅덩이

초여름 햇빛이 해면처럼 스민
미지근한 물속으로
가만히 발을 담근다.
검붉은 점박이 개구리가 팔짝 뛰어
이끼 낀 바위 그늘 속으로 사라지고
맑은 물속의 진흙이
발가락을 간지럽힌다.
개구리알이 꿈틀거린다.
보오얀 흙탕물로 웅덩이는 잠시 흐려진다.
햇빛 머금은 물에 녹아 사금파리 반짝이고,
신록 위에 빛나던 햇빛이
발가락 사이에서 뿔뿔이 흩어진다.
나뭇잎 사이에서 불어오는 싱그러운 바람이
붉은 뺨에 향기롭게 푸르다.

강마을

어둠이 깊어질수록
강물이 뒤척이며 다가와 속삭인다.

물살에 깎이는 강변의 돌자갈들
잠들지 말라고,
돌아보지 말라고, 강물이
차갑게 어루만진다.

휘어진 모래언덕 너머에서
어둠을 지키는 등불 하나
가슴속 멀리 돌아나가는
강물 소리를 한없이 흘려보낸다.

산 길

잠들지 못한 새가
건너 편 숲에서 운다.
달빛 안개 속으로 뚫린
구부러진 모퉁이에서 우리는 길을 잃고
새소리를 따라걷는다.
나뭇잎을 스치는 바람소리에 놀라고
개울물 소리에 발을 헛딛고
가슴을 두근댄다.
밤 이슬에 옷섶이 젖는다.
영혼의 흐린 거울은
마음속에 가리워진 별빛을
말없이 비춰 준다.
등너머에서 들리는 새소리 따라 산길을 걷는다.
이승의 길을 헤매는 우리
어찌하면 이 밤길을 벗어날 수 있을까.

제 3 부
가을 少年

해질 무렵

일몰이 오자 가로수의 그림자들이
어둠 속으로 소리없이 몰려갔다.

서늘하게 발걸음 찰랑이는 못물 위로
더디 내려오는 여름날 산그림자.

명상하는 소년이
말없이 서쪽으로 걸어갔다.

가로수 그림자들이 물속으로 사라져가자
온갖 나뭇잎들의 수런거림이 가라앉았다.

채색된 일몰 속으로
사라져간 그림자는 외롭다.

寂寥한 새

나뭇잎들이 떨어져
다람쥐가 지나간 산길을 덮는다.

여름부터 등 뒤를 쫓던 햇살의 줄 그림자가
가을 바람에 날려간다.

색색으로 물들던
가을 햇살이 산길을 비추며 가늘어진다.

정정한 나무들이 내뿜는
자욱한 향기로 가슴이 부푼다.

여름내 아무도
가 닿을 수 없었던 적막한 산,

가을 숲 빈 곳에서
寂寥한 새가 날아와 나뭇가지 끝에 앉는다.

가을 少年

둥글게 살지는 나이테를
휘감는 바람소리

가을 산 깊은 곳
두터운 나무껍질이 갈라지고

계곡을 울리는 발자욱 소리에 놀라
작은 손에 입김을 호호 분다.

다람쥐가 줍다만 도토리가
수북한 나뭇잎 사이에서 쳐다보고 있다.

가을숲

새 한마리 우는 소리가
도끼로 찍어내듯
고요한 숲의 정적을 깨뜨린다.

백년 묵은
나무 뿌리의 향기를
흔들어 깨우고,

한해살이 풀잎 사이를 스치는 메아리는
단풍잎 선명한 시냇물 따라
미끄러지듯 낮게 기어가다 사라진다.

여름날 하늘을 가르던 천둥소리가
나무들의 뿌리 아래 잠들어
가을숲 향기가 하늘로 퍼져나간다.

수북한 낙엽에 발목을 빠뜨리며
한 아이가
품 속에서 날아간 새를 찾는다.

희맑은 얼굴

희맑은 구름이 떠가고
少年은 산 위에서
말이 없었다.

길게 토하는 기적소리
구부러진 터널 속으로
사라져가면 조용히 돌아서서

바람에 떨어지는
나뭇잎 그늘에
희맑은 얼굴을 비추어 보았다.

때로 손금 안에
강물이 일렁이고
無言의 미소가 흘러갔다.

어스름 지녁이 되면
사슴이 홀로 별자리를 찾아
산등성이를 넘어갔다.

길 떠난 少年

사립문을 열고
어머니의 목소리 보리이랑 헤치며
들녘 멀리 퍼져나가도

길 떠난 少年은
오늘도 집으로
돌아올 줄 모르네.

강가의 등불 찾아
모여드는 물고기의 눈빛은
어둠 속에서 더욱 반짝이는데

어디에 있는지
길 떠난 少年은 끝내
어머니의 목소리 듣지 못하네.

철새가 몰고오는 찬 바람
빈 마당을 쓸고가도
돌아오는 발자욱 소리는 들리지 않네.

탱자나무 흰 꽃

집으로 돌아갈 줄 모르고,
두 아이가 개울가에서 놀고 있다.
강둑에는 푸른 풀들이 깔리고, 무성한
탱자나무 꽃울타리 저편에서
고무신 벗어 물을 담고,
개울물 바윗돌 사이를 뒤진다.

아이들 손톱만한 가재 한마리
놀란 듯 몸을 숨겨,
고무신 속에도 개울물이 흔들리고
잠시 머물던 흰 구름이
잽싼 걸음으로 개울가를 지나간다.

강둑에는 무심한 바람이 불어
탱자나무 흰 꽃잎 개울에 날릴 때
가시 많은 탱자나무 울타리 저 너머에서
아이들을 찾는 어머니의 목소리가 들려온다.

풀시계의 초침

손을 뻗어 꿈속을 잡으려하니
강 건너 저편에 잡을 수 없는
아이들이 보인다.
눈빛보다 예민한
손은 기억을 더듬어
은빛 비늘이 번쩍이던
먼 유년의 강가에서
한 마리 고기를 쫓고 있다.

이름 잊은 유년의 동무들이
나를 보고 손가락질 한다.
철길 위로 흰 구름이 떠 있고
기차가 지나갔다. 작은 돌
구르는 소리에도 아이들의 심장이
두근거리고, 팔목에는 풀시계의 초침이
꽃잎처럼 하얗게 똑닥거렸다.

조금만 손을 뻗으면
지느러미 한 끝이라도 잡힐 듯한데
깨어 보니 아무도 없었다.
꿈 속에선가 이 세상 어디선가

풀밭을 함께 걷던
싱그러운 바람이
이름 잊은 유년의 동무를 데리고
강 건너 저편
미류나무 숲속으로 숨는다.

종달새

만지면 푸른 유리처럼 잡혀질
봄날의 대기에서
살랑이는 빛의 프리즘을 뚫고
솟구치는 종달새는
끝내 하나의 이슬이다.

하늘 끝에서
지상의 들판으로 떨어져내리는
촉촉한 이슬 몇 점
대지를 반죽하는
부드러운 바람에 안겼다가

파릇한 보리밭에서 눈 뜬다.
넓은 들녘이
검푸르게 살아나
버들잎 위의 물방울 먹고
한 소년이 걸어나온다.

아직 꼼지락거리는
봄눈을 틔우던 소년은 바람의
굴렁쇠를 굴리며 단단한 흙덩이 깨뜨리며

훈훈한 들판 멀리 나아가
까칠한 풀꽃 흙먼지 쓰고 피어나는
파릇한 바람을 타고 종달새처럼 하늘로 솟구친다.

이름 모를 꽃

온갖 꽃 만발한 들판에서
작은 꽃을 찾아다니던 少年이
샘물 마시고 나무 그늘 아래서 잠이 든다.

꼬리 잘린 도마뱀이 빠르게 지나가자
나무 그림자 자리를 옮겨 가고
신발에 엉겨붙은 꽃이파리가 시든다.

바지가랭이의 흙이 마르고
산비탈에서 풀잎을 뜯던 망아지가
피어오르는 저녁 연기를 돌아보며 울었다.
살랑이던 바람이

해그림자따라 산을 넘는데
깨어날 줄 모르는 少年은
꿈 속에서 말을 타고
황금빛 계곡을 누비고 있었다.

눈동자

아무 말도 못하고
너의 눈동자 바라보기만 했지
우물 속에 비춰는 작은 나무처럼,

아무 말도 못하고
너의 목소리 듣기만 했지.
그리워하는 나뭇잎은 갈수록 푸르러지는데,

아무 일도 모른 채
소년은 지금도 하늘 끝으로
자라나는 나무처럼 그 눈동자 속에 서 있지.

봄볕

눈발이 점점한 계곡
동면하던 뱀들이 실눈 뜬다.

가까이 들려오는 새소리따라
봄 기운이 창호지 문틈 사이로 스며든다.

화창한 볕 쏟아지는 마당가에
바람 소리가 금모래 사르륵 뿌린다.

구릉진 언덕 사이로
비스듬히 흘러가는 강물이 금비늘 굽이친다.

산골 가재

풍금소리에 맞추어
새들도 줄을 선다.

산골학교 울 밖에는
까치감 두어 개

세월의 악보가 물들어
단풍잎 날린다.

가을햇살에 살쩌는
산골 가재

바위 틈서리에서
맑은 구름과 함께 논다.

돌바위산

할 말이 없어
채석장 돌바위산에
가 보았지요.

수십년 폭약으로도
다 터뜨리지 못한
큰 바위산 아직 버티고 있었지요.

싸늘한 달빛만
모서리가 깨어져 널려 있고
살을 찌르는 찬 바람이

돌 바위 속
다 헤치지 못하여
울부짖고 있었지요.

할 말이 없어
채석장 돌바위산에 올라가
얼어붙은 뺨을 깎는 찬 바람만

한정없이 맞고 있었지.요.

어스름 달빛

밤바다로 떼지어 기어가는
작은 게들의
잔등 위에 후득이는 빗방울.

으스름 달빛 멀리
번쩍이는 靑銅빛 바다
유리조각처럼 잔잔하다.

갈대숲 개펄에
잠들어 있던 습한
바람이 소리치며 달려온다.

제 4 부
그해 여름

붉은 흙

　거부하는 풀 위에 편안히 눕힐 것은 무엇일까. 근
육의 피 다 짓이겨져 싸늘한 육신 흙 속에 눕힐 수
없을 때 오직 살아 있는 것은 무얼까.

　꽃이파리 바람에 흩날리고 뜨거운 눈물 흙을 적실
때 톱밥 닦아내고 붉은 흙 쓸어 넣을 때, 거부하는
풀 위에 편안히 눕힐 것은 무엇일까.

　슬픈 탄식 잊혀지고 발가락 뼈 다 녹아 기름진 흙
위에 하늘을 찌를듯이 솟아올라 끝내 거부하는 풀
위에 오직 남는 것은 무엇일까.

　진실을 더럽히지 않고 살아 있는 정신일까. 비틀
린 육신을 쥐어짜 불의를 질타하며 살아가던 입김으
로 지상에 남긴 그의 말은 거짓이었을까.

　타오르는 아픔에 눈을 찔려 피말린 육신의 숨구멍
다 막혔는데 쇠못같이 거부하는 풀 위에 편안히 누
울 수 있는 삶은 무엇일까.

　스러진 육신일까. 죽어도 살아 있는 정신일까. 말
못하고 살아 있는 이름일까. 침묵하는 정신에 못 박
는 소리가 4월 잔디 붉은 흙 뚫고 솟아오르듯 요란
하디.

누추한 육신을 누가 잠들게 하나

캄캄한 기류가 어둠을 덮쳐누른다.
불면의 시간 위에
배고픔이 갈구하던 빵덩이처럼
빈 공간을 채우려
해일을 밀고 오는 파도가
방파제를 넘어와
감당 못하는 육신을
캄캄한 밤의 기류로 덮쳐누른다.

요동치는 어떤 몸부림도 잠재울 듯이
마취된 어둠의 보자기가 씌워지자
방안의 무덤 속
한 장의 수건 아래 누워
차고 은밀한
어둠의 요람 속으로 스며들어간다.
미칠 듯한 격정의 몸부림도
한겹 눈꺼풀 아래
태고의 고요 속으로 사라진다.

그러나, 섬광 같은 의식의 한끝이
광란의 해일처럼 일어나

휘몰아치는 밤의 어둠속에서
끝내 잠들지 못하는 자는
누추한 육신의 몸부림을
어떤 사랑의 목소리로 잠들게 할 것인가.

텔레비전

불만도 이유도 없이 그냥
텔레비전을 끈다.
모두가 시간을 다투어 시청하는
쇼프로그램도, 안방극장도, 수사반장도,
보기 싫은 배우가
있는 것도 아니고,
듣기 싫은 말이 쏟아져나오는 것도
아니다. 모두가 감미롭다. 아니 켜 보면
때로는 화면에 끌려 즐거움으로 정신을 잃는다.

그러나, 이불을 펴고 누워도 한 여름 더위로
늦도록 잠들지 못한다.
끝내 나도 모르게 즐거움의 꼬리를 찾아
이리저리 채널을 돌려 본다.
방영 시간이 끝나고, 애국가가 울리고
탈색된 화면을 바라본다.
들판에 팽배하게 쏟아지는 햇빛처럼
칼라텔레비전의 분해되지 못한
빛의 입자들이 세뇌의 파편처럼
날아오고 있었다.

소모되기 위해 돌아갔던 흑백시대의 필림처럼
비어 있는 칼라화면에서 무엇을 본다는 것인가
이유없이, 잠들지도 못하면서
텔레비젼을 끈다는 것은 부질없는 일이다.
할 수만 있다면, 즐거움에 동참하지 못하는
이유없는 불만을 잊어버리라고
나에게 명령하고 싶다.

내일의 노동을 위한 휴식을 스스로
헝클어뜨리고, 이렇게 짓밟을 필요가
무어냐고 엄중하게 나에게 반문해 본다.
들판에 흔들리는 풀잎 같은 마음이
탈색된 백지 위에
방영되지 않는 텔레비젼이 울리는
요란한 굉음마저 꺼 버린다.

어쩐지, 가을이 되어

유품을 수습하러 간 우리에게
그가 남긴 건
죽음의 정적을 담은
책상 위의 소주 반 병이었다.
끓는 피를 증류시킨 물처럼
목마름이 맑게 가라앉아 있었다.

움트는 4월의 풀밭을 걸으며
가슴 찔리듯 수척한 눈빛으로
닳아버린 聖書를 품에 안고
핍박의 시대를
괴로와할 이유도 없을 거라던
그가 남긴 것은 맑은 하늘보다
투명하게 비어 있는
푸른 유리 속의 침묵이었다.

봉분한 황토흙 왕모래 휩쓸어내리듯
쏟아지던 여름 장마비에 떨며 살점을 적셔도
어찌 다 주체할 수 없었던
죽음의 備忘錄처럼
그 길고 긴 여름이
황량한 풀밭의 벌레소리에 물러가

어쩐지, 가을이 되어, 술을 마시니
그가 마시지 못한 소주 반 병이 출렁거렸다.

저자거리의 이름없는 길모퉁이를 배회하다
메아리 없이 사라져간
내밀한 그의 목소리가 이 세상 어딘가를
맴돌며 술병처럼 반쯤 비워져
끝내 떨치지 못한 괴로움으로 남아 있을 거라고,
落魄한 영혼을 위무하여
죽음의 저편으로 돌려보내듯

푸른 산 물드는 가을이 되어
어쩐지 술을 마시고
홀로 들에 나아가
시든 낙엽이라도 태우면서
투명하게 빈 공간에
침묵하던 그의 음성을 담아 본다.

불타 버린 잔디 위에, 부풀은 책장 위에
황량한 바람이 일고,
저물녘 등 돌리며 어둠을 향해 걸어가던

그의 쓸쓸한 그림자처럼
이름 모를 새들이 들녘 끝으로 날아간다.
수북한 낙엽을 태운 매캐한 연기가
허허로운 들에 가득하다.

그해 여름

화강암 돌 속에 햇살이
대못처럼 푹푹 박히던
그해 여름, 나는
희게 튕기던 빛 속에서 죽고 싶었다.

아니, 무성한 나무 그늘 속에서 죽고 싶었다.

순결한 젊음 속에는
아무것도 있을 수 없고,
순결한 젊음 속에는
아무것도 위대할 수 없다는 것을
깨달은 그해 여름

대못에서 하얀 불꽃이 튕기는 햇살 속에서
죽고 싶었다.
아니, 무성한 나무 그늘 속에서
검푸르게 죽고 싶었다.

미치게 푸르러지는 나뭇잎과
영혼의 속살까지 파고드는
햇살 속에서

전율하는 젊음에 떨며
죽고 싶었다.

비틀거리며 걸어가던 그해 6월
최루탄과 식은 땀과 흙먼지 속에서
나는 죽고 싶었다.
희게 빛나던 햇살이 까맣게 타들어가던
그해 여름

광기에 떨고 사랑이 무너지고
논리가 무너지던 그해 여름
무성한 나뭇잎과 그늘 사이
파리한 손을 가진 나는 죽고 싶었다.

텔레비전

　운전기사들마저 서둘러 귀가한 거리에는
　불꺼진 고층빌딩의 유리창이 바다 밑 물고기 눈처
럼 검푸르게 빛나고
　초저녁의 어둠이 통금시대의 자정보다 깊게 뚫린
다. 모두가
　텔레비전의 화면 속에서
　적진을 향해 달리는 용맹한 선수들을 보았다.

　다투어 모여들어 표적을 노리는 사수처럼
　숨을 죽였다. 바람을 가르며 골문을
　꿰뚫는 대포알 슈팅으로 심장이 멎고,
　그 순간 한 사나이가 넘어졌다. 텔레비전의 불사
신 멍키퍼는 일어났지만,

　심장이 약한 사나이의 가슴은
　포탄에 꿰뚫렸다. 한 사람의
　이탈자도 없이 모두가 구르는 공을 따라
　분주한 눈길을 하나의 덩어리로 뭉쳐
　표범처럼 달리는 선수들의 신화적 용맹함을 보았
는데,
　우리가 할 수 있는 것은 저질 심판을 손가락질하

는 것뿐이었다.
  그러나, 쓰러지는 마음 약한 사나이는 누구인가.
  밤하늘의 무수한 별 가운데서 아두도 모르게
  이름없는 운석들이 달동네 지붕 위에 떨어진다.
  뚫린 어둠은 더욱 깊어지고 그의 가족들이
  응급실 한 구석에서 울고 있었다.

  화면이 지워지고 아쉬운 패배의 뒷맛을 다시며
  각자가 부족한 잠을 걱정했다.
  첫새벽에 달려야 할 운전사들이 몸을 비틀고
  하품을 했다. 우리들의 발가락 끝에는 안타까움이
  밟을수록 구르며 솟아오르고,
  우리들의 꿈속에는 달콤한 기쁨이 군침처럼 괴어
있었다.

벌레

밤 늦게 역사책을 펼치다가
불빛에 도망가는 작은 벌레들을 본다.
파먹다 남긴 글자의 뚝이
책장을 넘기던 눈 앞에서 무너진다.

역사의 기록이 이 벌레먹이였던가
게으르게 책장을 펼치던 여름날
함석 지붕을 때리던 장대비가
대못같이 마음속 깊이 박힌다.

휘휘한 바람에 창문이 덜컹거리고
눈감아도 잠들 자리는 없었다.
이 모두 검은 활자가 쏟아낸
씨알같이 부스러진 배고픔이던가.

마음대로 펼칠 수 없던 역사책의
다른 쪽을 들추니
불빛은 희게 빛나는 쟁기 날처럼
퇴색한 역사를 갈아엎어 시퍼런 길을 가르쳐 준다.

그러나, 지금은
다가올 새벽이 주춤거려

불빛마저 파먹히는 나날을 살아가는 때,
삶을 새기는 책 속의 글자란
정녕 좀벌레 먹이에 불과한 것이 아닐까.

보통 사람들

누구는 말 안 듣는 사람 앞에서
피를 흘리며
유리컵을 깨물어 먹었다지.

누구는 말 안 듣는 사람 앞에서
맥주병을 박살냈다지.

누구는 말 안 듣는 사람 앞에서
세멘트 벽에 박치기하며
번뜩이는 눈을 부릅떴다지.

누구는 말 안 듣는 사람 앞에서
주먹을 날리고
발길을 던졌다지.

그러면, 우리는 어떻게 사나
새 시대가 다가와도
힘 없고 마음도 약한 우리는 어떻게 하나,

힘노 권력도
다 부정하는
우리는 무얼 믿고 어떻게 사나.

새벽 출근

흥건한 피가 차갑게
식을 때
부옇게 일어나는
비린 냄새가 자욱하게 퍼져

최루까스보다
깊게 위벽을 파헤치는
쓰라린 공복감.

이리저리 나뒹구는 돌멩이들,
이리저리 휩쓸리는 격한 구호들.
투명한 렌즈에 잡힌
신문지 위의 세계는 적막하다.

길을 쓸며
눈 먼 시대를 물로 세척하는
충혈된 청소원들의 고단한 눈물.

아무것도 나를 잡아 주지 않는다

벼랑 끝에서 떨어지는 순간
우연히 잡힌 풀뿌리가
나의 손목을 놓아 주지 않았다.
풀뿌리가 뽑히고
천길 벼랑 끝에서 떨어지다
잠에서 깨어났다.
하얀 풀뿌리 같은 의식의 껍질이 벗겨지고
다시 깨어 소스라친다.
그러나, 오늘 밤에는
꿈속에서도 계속 떨어진다.
기어오르려 할 수록
풀도 나무도
아무것도 나를 잡아 주지 않는다.
다시는 살아나지 못하리라.
파도가 벼랑 밑을
후려치고 있었다. 천길 벼랑이 무너지자
눈물 머금은 별을 바라보며
깨어나지 못할 저승으로 추락하였다.

진흙 바닥

엄청난 일이지, 허공에서 뛰어내린 다음 안개 속
을 가다가
횡단보도조차 건널 수 없었어.
한걸음도 떼어 놓을 수 없는 거대한 어둠이 가로
막혀 있었지.
지나가는 차들이 눈으로 다 보이고, 팔다리가 자
유로운데 나는 조금도 움직일 수가 없었지.
허공에서 뛰어내려 굳어 버린 거지.
그것은 마치 빵덩이 같은 책장을 한장도 넘기지
못하고, 허기진 배를 채울 수 없던 배고픔같은 날들
을 짓눌렀던 거대한 암흑덩이였지.
그날밤 이후 한 줄의 시도 쓰지 못하고,
벙어리가 되었지. 준비하던 시집 원고의 첫장을
넘기지 못한 것처럼 안개 속을 가다가 모든 기억의
끈들을 잃어버렸지, 더이상 뛰어내릴 수 없는 곳에
는 연못 속의 밑바닥의 진흙 앙금처럼 붉은 벌레가
찌꺼기로 남아 있었던 거지.

취한 손

잠들지 못하여
취한 손으로
어둠을 움켜 본 사람은 알지.
돌덩이도 슬픔도
아무것도 잡을 수 없다는 것을

깊은 밤에는
달아오른 살, 부드러운 머리털,
도회지의 지층을 흘러가는 물,
감미롭게 울리던 음악도

빈자리에
남아 있던 어둠마저도
움켜 쥐면 더 멀리
사라져 간다는 것을 알지.

밤길을 걷던
외로운 발자욱 소리도
끝내는 어둠속으로 스며들어가 버리지.

알 수 없어라, 왜

밤이 깊으면
지상의 끝에서 들려오는
친밀한 속삭임처럼
어둠이라도 움켜 쥐려 하는지.

우주인과의 교신

누군가 백지 위에
타자를 치고 있었다. 흰 종이 위에
작은 글자들이 개미의 행렬처럼 찍혀나가고
그 무수한 발신음들이
먼 우주의 위성과 교신하고 있었다.
그러나, 소통 불능.
보이지 않는 활자들이 하얗게 찍혀
잠들지 못하는 머리속을 지나가고 있었다.

낡은 타자기는 털털거리고
말이 없는 화면의 영상처럼
찍혀나가는 글자를 보면서
아무 말도 할 수 없었다.
누군가 백지 위에 램프를 밝히고
타자를 치고 있었다. 누구에게도
전송되지 못하는 무수한 문자들을.

그는 마침내 화면을 지우고 사라져 버렸다.
날이 밝자 풀섶에는 붉은 이슬이 내리고
그가 떠난 자리에는 다른 사람이 앉아
타자를 치고 있었다.

명령과 지시와 거래가 찍혀나갔다
자동차가 달리고, 빌딩이 높아지고
비행기가 대륙을 건너
웃고 있는 사람들의 입 속으로 날아갔다.

그러나, 알고 있을까.
밤새도록 누군가 타자를 치면서
꿈의 말들을 찾고 있었다는 것을
어쩌면 은하계의 우주인이나 수신할지 모를
저 머나먼 영원의 발신음들을.

망망한 상상의 공간을 헤엄치며 나아가는
영혼의 언어들이
어둠속에서 파동치고 있었음을,
우리는 결코 다시 들을 수 없으리라.
저물녘 강둑을 밟고 돌아오던
아버지의 발자국 소리를, 저녁 연기를 헤치며
돌아오지 않는 아이를 부르던 어머니의 목소리를.

팬터마임, 이제는 막이 내렸다

장막 뒤에 어떤 일이 있었는지 모른다.
팬터마임, 관중을 침묵시킬 뿐
결코 말하지 않는다.
흰 가루로 분장한 너의 얼굴이
무대 밖으로 돌출하듯 튀어나와
말없이 복종할 것을 요구한다.
부릅 뜬 너의 눈이 어둠속에 앉아 있는
우리를 전율케 한다. 소리나지 않은
광기의 목소리로
침묵의 벽을 향해 외친다.
곤두선 머리털이 빠진다.

네가 웃고 있다, 부드럽고 인자한 얼굴로.
관중이 복종을 거부할 때
네가 분노한다. 굳어진 얼굴을 가리는
철사 같은 손가락이 떨고 있다.
떨고 있을 떄 우리는 비로소
하나가 된다. 일방적인 요구를,
받아들이며 우리는 새로이 태어난 인간처럼
안도의 숨을 내쉰다. 마지막 지푸라기 하나를
붙잡아 우리는 살아난다.

너는 다시 웃고 있다.
놀라지 마라 우리는 하나이니라.
근심 걱정 없는 태평천하였으니
장막 뒤에선 무슨 일이 있었는지 모른다.
팬터마임, 네 고독한 몸짓은 화약 연기와 같다.
막이 내리고 돌아나오는
극장 밖에는 찬연한 햇살이
어둠을 무찌르는 함성처럼 부서지고

마취된 정신의 빈틈을 울리던 소리가
성난 함성으로 되돌아와
하얀 얼굴의 악령에 홀려 있던
관중들의 외침이 밀물처럼 휩쓸고 나아갔다.
시대의 폭약이 터지고, 너는 쓰러졌다.
팬터마임, 이제는 막이 내렸다.
분장을 지워라.
분노를 터뜨리지 마라
흥분할 필요가 없다.
결코 아무도 돌아보지 않는다.

질책받은 아이

몇 사람은 나의 반대에
소극적으로 동의하였지만
대부분은 침묵이었어.
모두가 퇴학의 근거를 찾고 있었지.

절망의 시선이
닫혀진 세상을 지나가고
이제 게시판에 먹물처럼 흐르는
질책받는 아이의 일이
거대한 도시의 어둠을 가로질러 가고 있었어.

약속처럼 모두가 움츠리고
강경론자는 조금도 물러나지 않았어.
십이월의 추위를 털며 돌아오던
나는 도회의 벽을 뚫고 다녔지.
울창한 고층건물의 숲을,
그것만으로 모든 것은,
끝나고, 굳게 마음을 닫고 나도
어쩔 수 없다고 변명하고 있었을런지 몰라.

그러나, 누군가 어두운 교실

유리창 저편에 말없이 서 있고
뚫리지 않는 벽에서 들리는 소리로
형언할 수 없이 불안한 꿈이
나를 사로잡았어, 아무도
마음을 열지 않는 세계의
벽 속에서 질책받은 아이가 떨고 있었어.
물러서지 않던 심판자들의 칼날에
하얗게 죽어 버린 언어가
어두운 세계의 저편으로
망각의 심연을 지나갔는지 몰라.

대부분의 침묵과
소극적인 동의의 차가운 벽에 부딪쳐
그 아이를 향해 닫혀 버린 세계,
다음날 아침에는
누구도 질책할 수 없는 하얀 서리가
바람에 날리는 공고문 위에
교정의 뜨락을 때리며 떨어져 있었어.

진정한 <숨김>의 의미를 찾아
—— 최동호 형의 첫 시집에 부쳐

권영민

최동호 형!

오늘 늦가을 낙엽을 재촉하는 찬비가 내립니다. 형의 시집 『아침책상』의 원고 교정지를 받아 놓고 두 주일을 넘겼읍니다. 지난 봄 어느 날 둘이서 만나 형이 시 쓰는 일을 화제에 올렸을 때, 그 시집의 발문을 내가 쓰겠다고 장담했던 일이 마음에 걸려 원고를 사양하지 못했지만, 막상 써야 할 말 꼬리가 잡히지 않아서 오늘까지 날짜만 미루어 왔읍니다. 마음은 더욱 다급하고 생각은 가슴속에 박혀 풀리지 않습니다. 형의 시집 원고 첫머리에 <가을 빗소리 들으니 비로소 막혔던 귀가 뚫린다>고 하였으나, 나는 오히려 빗소리를 들으면서 허허로운 심경에 빠져들어 가슴에 박힌 생각들을 추스리기가 더욱 힘들어졌읍니다.

그러나, 이제는 더 미룰 수 없는 형편인데다 출판사의 독촉도 심하고, 나도 형의 시와 더이상 대결할 힘이 없어졌읍니다. 손을 들고 형에게 나아가서 나의 속뜻이나 털어놓는 수밖에 다른 도리가 없읍니다. 사실, 나는 형이 시를 쓰고 있다는 것을 알았을 때, 뜻밖의 일이라고 생각했읍니다. 형과 내가 문단의 말석에서 서로 얼굴을 익힌 것이 십 년이 넘지만, 나는 우리 시의 정신을 논리적으로 추구하는 한 사람의 시론가로서 형을 알아 왔을 뿐입니다. 우리는 문학을 공부해 온 과정도 서로 다르기 때문에, 나는 형의 문학수업에 대해 잘 알지 못했고, 형이 써 온 시에 대해서 아무런 지식도 갖고 있지 않았던 것입니다. 십 년을 넘도록 사귀어 왔음에도 나는 결국 형의 문학 세계와 내면 생활을 제대로 헤아리지 못하고 있었던 셈입니다.

그렇기 때문에, 형이 시를 쓰고 있다는 말을 했을 때 나는 놀라움과 호기심을 동시에 드러낼 수밖에 없었습니다. 우리 근대시의 흐름 속에서 민족의 정신사적 맥락을 추구해 온 형의 비평 작업에만 관심을 갖고 있었던 나로서는 그런 반응이 오히려 당연한 것이었습니다. 나는 형이 쓰고 있는 시들이 형의 비평적 논리와 어떤 방식으로 조화를 이루고 있는지를 궁금하게 생각했고, 반드시 확인하고 싶었습니다. 그때는 지나가는 말처럼 시집의 발문을 자청했지만, 80년대에 들어서면서 가장 진지하게 우리 시의 현장을 진단해 온 형이 스스로 그 현장에 자신의 언어를 알몸으로 드러내고자 하는 시 쓰기의 작업에도 관심을 갖고 있다는 것이 어떤 의미를 갖고 있는지 묻고 싶었던 것입니다. 위대한 시인만이 자신의 한가운데에 훌륭한 비평가를 담아둘 수 있다는 말을 들춰낼 필요가 없습니다만, 이 짤막한 글은 결국 형의 시론이 서로 만나고 있는 조화의 체계에 대해 나 자신이 갖고 있는 시새움과 투정이라는 점을 꼭 기억하여 주시기 바랍니다.

최동호 형 !

　나는 이 글에서 형의 시에 대해 비평적인 시각에
서의 논의를 전개한다는 것이 어리석은 일이라고 생
각하고 있읍니다. 시에 대해서 나는 내세울 만한 식
견도 제대로 갖고 있지 못하고, 깊이 있는 시비평을
별도 한 적도 없으며, 더구나 시를 써 본 일도 없읍
니다. 그러나 시에 대한 형의 생각과 태도기 실제의
창작 과정에 어떤 방향으로 영향을 미치고 있는가를
서투르게나마 짚어두고 넘어가는 것이 좋을 듯합니
다. 형의 시를 대하기 훨씬 전부터 나는 형의 시론
과 시 비평에 친숙해져 있었읍니다. 특히 1985년에
형이 발표한 「山水詩의 세계와 隱逸의 정신」이라는
제목의 鄭芝溶論은 지금까지도 강한 인상으로 나의
머리속에 남아 있읍니다. 시인의 정신과 시 작품의
세계를 분리해서 생각할 수 없다는 조심스런 명제가
형의 시 비평의 중요한 논리적인 근거로 자리잡고 있
다는 사실을 나는 처음으로 이 글에서 확인할 수 있
었읍니다. 그러나 무엇보다도 이 글의 성격을 특징
짓고 있는 것은, 폐간을 눈앞에 둔 잡지 《문장》에 한
꺼번에 무더기로 발표된 여러 편의 정지용의 시 가
운데에서 유독 평범한 소품에 지나지 않는 「비」라는
제목의 작품을 들어, 시인의 정서적 절제와 소묘적
인 언어의 형식적인 균일을 통해 〈산수시〉의 풍모를
꿰뚫어보았던 형의 비평적 통찰력이었다고 할 수 있
읍니다. 형은 이 작품을 논의의 출발점으로 삼아 「九
城洞」, 「長壽山」, 「白鹿潭」 등으로 이어지는 정지용
의 후기 자연시의 비밀을 산수화의 기법이라는 동양
적 미학의 원리로 풀이했고, 그 속에 담긴 〈은일〉의

정신을 헤쳐 보여주었던 것입니다.

그때, 이 평문이 발표된 것을 보고, 나는 형의 시적 견해와 논리가 서구적 기능주의에 얽혀 있는 분석주의적 방법에 상당 부분 기대어 온 우리 평단의 경향과 다른 인식론의 깊이를 간직하고 있음을 알았읍니다. 자신의 시 속에서 끊임없이 자신의 모습과 숨결마저 지워 버리고자 했던 정지용의 자연시를 나는 그리 찬양하고 싶지는 않지만, 정지용의 시적 취향에 대한 형의 밀도 있는 해석이 시의 깊이를 더해주는 설득력을 갖고 있다는 생각을 떨쳐 버릴 수가 없었읍니다.

최동호 형!

그런데, 참으로 신기하게도 나는 형의 시집 원고를 넘겨보면서, 바로 그 정지용의 자연시에 대한 형의 해석을 떠올렸읍니다. 정지용에 대한 형의 해석을 그대로 따르면서 나는 형의 시들을 읽었고, 어느덧 정지용의 자연시의 시법보다 더욱 철저하게 자신을 감추고자 하는 형의 시의 특징을 나름대로 가늠하게 되었던 것입니다. 하지만, 이러한 나의 생각은 어처구니없는 상상의 비약일 수도 있기 때문에, 나는 보름을 넘기는 동안 몇 번이고 형의 시를 〈형 자신의 시〉로 읽고자 했읍니다. 형이 설명한 산수화의 필법과 정지용에 대한 생각에서 빨리 벗어나고자 했기 때문입니다.

① 여름 낙숫물이
　바위를 파내다가 물러간 다음
　빈 방에서

가을 빗소리 들으니
비로소 막혔던 귀가 뚫린다.

울울한 녹음이 가로막아
여름내 찾을 수 없던
산 모퉁이 길에는
흙 묻은 솔방울
빗방울 따라 툭툭 떨어진다.

——「가을 빗소리」

② 밤바다로 떼지어 기어가는
　작은 게들의
　잔등 위에 후득이는 빗방울

　으스름 달빛 멀리
　번쩍이는 靑銅빛 바다
　유리조각처럼 잔잔하다

　갈대숲 개펄에
　잠들어 있던 습한
　바람이 소리치며 달려온다.

——「으스름 달빛」

　시집 원고의 첫머리에 있는 「가을 빗소리」에서부
터 제 3 부의 끄트머리에 자리잡고 있는 「으스름 달
빛」에 이르기까지, 나는 시적 정황 속에서 자취를 감
춰 버린 형이 어느 곳에 숨어 있는가를 찾기에 골몰
했읍니다. 그러나 끝내 나는 형을 찾을 수 없고, 다
만 나 자신이 하얀 화폭에 절제된 붓끝으로 간결하
게 그려 놓은 수묵화의 장면 속으로 빠져들고 있음을

99

느꼈을 뿐입니다. 그리고는 무슨 말을 이들 시에 대해 써야 할 것인지 주저하고만 있었던 셈입니다. 내가 다시 마음을 가다듬고 용기를 내어 펜을 든 것은 형이 정지용론에서 시인 정지용을 말한 것이 아니라 자신이 추구하고 있는 시의 세계를 정지용의 시에 빗대어 설명한 것이 아닌가 하는 생각이 퍼뜩 머리에 떠올랐기 때문입니다. 그 이유는 형의 시가 보여주는 형식의 균제와 언어의 배치가 모두 자기 감정의 세계를 뛰어넘는 〈객체화〉의 방식에 의거하고 있으며, 다분히 〈정관적(靜觀的)〉이라는 점과 관계가 있읍니다. 게다가 형이 진지하게 점검한 바 있는 시인 정진규·조정권 등의 시가 감정의 충일상태보다는 자기 절제에 힘을 들이고 있다는 점에서도 형의 취향의 특성을 다시 생각할 수 있게 했다고 할 수 있읍니다.

  최동호 형!

  나는 형의 시가 지향하고 있는 세계가 어떤 것이라고 확정적으로 말할 수는 없읍니다. 그러나 나의 느낌으로는 지나치게 깔끔하게 정돈된 대상들만이 형의 시에 등장하고 있는 점이 불만스럽습니다. 〈숨김〉의 참뜻은 〈드러냄〉의 방법에 달려 있고, 〈드러냄〉의 성과 또한 〈숨김〉의 방법에 달려 있다는 것이 지나친 억지만은 아닐 것입니다. 〈숨김〉과 〈드러냄〉의 상호관계가 긴장을 지탱하지 못할 때, 정지용의 자연시가 보여주는 정태적인 감각과 김기림이 해방 공간에 발표한 사회시의 파행적인 균형으로 나타나는 것이 아닐까 생각되기도 합니다. 물론 정지용은 〈숨김〉의 방법에만 의존하다가 해방의 격동 속에서 자신을 〈드러냄〉에 실패했다고 할 수도 있을 것입니다.

　최동호 형 !
　형의 시에 대한 나의 투정은 시집 원고의 맨끝에
붙어 있는 제 4 부의 시들에 와서야 비로소 형의 고민
에 대한 이해를 필요로 하게 되었읍니다. 제 4 부의
시들은 실로 엉뚱하게도 〈드러냄〉의 방식에 대한 형
의 관심이 적극화한 것이었기 때문입니다. 어느 것
이 먼저 쓰여진 것인지 선후를 가리기는 어렵지만,
형은 〈일상성〉에 접근하면서 자신을 드러내는 방법
을 조심스럽게 실험하고 있었던 것입니다.

　　잠들지 못하여
　　취한 손으로
　　어둠을 움켜 본 사람은 알지.
　　돌덩이도 슬픔도
　　아무것도 잡을 수 없다는 것을

　　깊은 밤에는
　　달아오른 살, 부드러운 머리털,
　　도회지의 지층을 흘러가는 물,
　　감미롭게 울리던 음악도

　　빈 자리에
　　남아 있던 어둠마저도
　　움켜쥐면 더 멀리
　　사라져 간다는 것을 알지.
　　밤길을 걷던 외로운 발자욱 소리도
　　끝내는 어둠 속으로 스며들어가 버리지

알 수 없어라, 왜
밤이 깊으면
지상의 끝에서 들려오는
속삭임처럼
어둠이라도 움켜쥐려 하는지.
　　　──「취한 손」

　삶의 현실 한복판에서 형의 시가 보여주는 섭정의
동요를 생각하면서, 나는 다시 정지용을 생각했고,
정지용의 시법에 따라 균제의 미학을 실현했던 조지
훈을 생각했읍니다. 조지훈은 균제의 미학과 역사의
식의 결합을 꾀하다가 시를 놓고 말았읍니다만, 형
의 경우 절제의 시법 속에 〈일상성〉을 끌어들이려는
어려운 작업에 손대고 있음도 알게 된 것입니다. 첫
시집을 내면서 형은 이미 우리 현대시의 한 가닥을
붙잡고 끈질긴 씨름을 하고 있다는 생각도 하게 되
었읍니다. 감히 창작에 손을 댈 엄두도 내지 못하고
있는 나의 입장이 지나친 논리의 허세 속에 겨우 자
기 이름을 지키기에 연연하고 있는 것이 아닌가 하는
부끄러움도 느낍니다.

　이제 두서없는 이 글을 맺어야 할 것 같습니다. 창
밖에 보이던 후박나무의 커다란 잎새가 오늘 빗속
에 모두 떨어졌읍니다. 가지만 앙상하게 내보이는
나무의 모습이 누구의 시법인지 헤아리기 어렵습니
다. 시집이 나오면 우리 함께 만나 술을 듭시다. 그
날이 보잘것 없는 발문에 대한 형의 질책을 받기로
하고……

　　　　　　　　　　1988 년 11 월

최동호
1948년 경기도 수원 출생
1976년 시집 『황사바람』으로 등단
시집 『황사바람』 『아침책상』
시론집 『현대시의 정신사』 『평정의 시학』
『불확정시대의 문학』
역서 『헤겔 시학』 『문심조룡』

아침 책상

1판 1쇄 펴냄 —— 1989년 1월 5일
1판 3쇄 펴냄 —— 1995년 9월 30일   값 3,500원

지은이 — 최동호
펴낸이 — 朴孟浩

출판등록 1991. 12. 20. 제16-490호
펴낸곳 (주)민음사   135-120 서울시 강남구 신사동 506
강남출판문화센터 504호
대표전화 515-2000
팩시밀리 515-2007

* 저자와의 합의로 인지를 붙이지 않습니다.